CATALOGUE

DES

LIVRES

DE LA BIBLIOTHÈQUE

De M. le Professeur FAURE

DONT

UN GRAND NOMBRE SUR LES MATHÉMATIQUES, etc.

DONT LA VENTE AURA LIEU

Le Mercredi 25 Juillet 1860 et jours suivants

A SEPT HEURES DU SOIR

RUE DES BONS-ENFANTS, 28

(MAISON SILVESTRE)

Par le ministère de Me **BOULLAND**, Commissaire-Priseur,
rue de la Monnaie, 12.

PARIS

ANCIENNE MAISON SILVESTRE

CAMERLINCK, libraire (successeur),

28, RUE DES BONS-ENFANTS.

1860

ORDRE DE LA VENTE

Première Vacation, le Mercredi 25 Juillet :
Nᵒ 1 à 67,
217 à 316 ;

Deuxième Vacation, le Jeudi 26 :
Nᵒˢ 68 à 116 ;

Troisième Vacation, le Vendredi 27 :
Nᵒˢ 317 à 479,

Quatrième Vacation, le Samedi 28 :
Nᵒˢ 480 à 622.

CONDITIONS DE LA VENTE

Elle sera faite au comptant.

Les Acquéreurs paieront CINQ pour cent en sus du prix d'adjudication.

CATALOGUE

DES LIVRES

DE M. FAURE.

THÉOLOGIE.

1. Calmet (Aug.). Dictionn. histor. de la Bible. *Paris*, 1722; 2 vol. in-fol., mar. rouge. (*Armes de France.*) — Supplément. *Paris*, 1728 ; 2 vol. in-fol., veau.

2. La sainte Bible. *Paris, Desoer*, 1819; 7 vol. in-12, mar. vert, fil., tr. dor. (*Thouvenin.*)

3. La sainte Bible, publ. par Le Maistre de Sacy. *Paris, Furne*, 1841 , 4 vol. gr. in-8, fig., d.-rel., mar.

4. Ancien et Nouveau Testament. *Paris, Curmer*, 1835 , gr. in-8, d.-rel.
Figures sur bois, de Victor Adam.

5. Nouveau Testament , par le R. P. Amelotte. *Paris*, 1730 ; in-12, mar. rouge. (*Anc. rel.*)

6. Des. Erasmi in Novum Testamentum annotationes ab ipso autore. *Basileæ, Froben.*, 1540 ; in-fol., v. br.

7. Des. Erasmi Roterodami in Novum Testamentum. *Basileæ, ex offic. Froben.*, 1540 ; in-fol. rég., v. br.

8. Les Proverbes de Salomon, trad. en français. *Paris*, 1688 ; in-8, v. br.

9. Histoire de l'Ancien et du Nouveau Testament, par Le Maistre de Sacy (Royaumont), avec figures. *Paris*, 1836 ; in-8, broché.

10. PRECES PIÆ, cum calendario. In-8, v. marb. fil.

Manuscrit du XVe siècle, sur vélin, enrichi de douze très-belles miniatures et d'une grande quantité de petites miniatures, initiales, lettres ornées, etc., en or et en couleur; chaque page est ornée d'un entourage composé d'arabesques et de fleurs. Ce manuscrit a été exécuté pour le prieur d'une abbaye de près d'Ornans (Doubs), dont les armoiries sont peintes dans les ornements.

11. PETRI LOMBARDI liber quatuor sententiarum. In-4, cuir de Russie.

Manuscrit sur vélin du XIVe siècle, d'une belle écriture avec majuscules en couleur. Il est d'une parfaite conservation, et provient de la bibliothèque de M. le baron de Gérando, membre de l'Institut.

12. Petit office de la sainte Vierge. *Paris, s. d.;* in-8, mar. r., fil., tr. dor., fr. gr. (*Anc. rel.*) Entièrement gravé.

13. Histoire de la vie de la saincte Vierge Marie, mère de Dieu (trad. d'italien en français, par Marcassus). *Paris,* 1727; in-8, vél., tr. dor. fig.

14. Règles de saint Augustin et constitutions pour les sœurs religieuses de la Visitation. *Paris,* 1652; in-16, maroq. noir.

15. Lilii Gregori Gyraldi opera omnia, cum commenta riis Pauli Colomesi. *Lugd. Batav.,* 1696; 2 tom. en 1 vol. in-fol., fig., vél.

16. De Imitatione Christi. *Amst., ex offic. Elzev.,* 1679; in-12, fr. gr., v. br.

17. Imitation de Jésus-Christ, trad. par le sieur de Beuil. *Paris,* 1772; in-12, front., mar. rouge.

18. Pascal. Lettres provinciales et Pensées. *Paris, Lefèvre,* 1819; 2 vol. in-8, c. de Russie, n. rog.

Portrait avant la lettre, papier vélin.

19. Pascal. Les Provinciales, ou Lettres de Montalte. *Clermont,* 1752; pet. in-12, veau, tr. dor.

20. Massillon. OEuvres. *Paris, Gaume,* 1833; 2 vol. gr. in-8, portr., veau rac., fil.

21. Massillon. Petit Carême, pour l'éducation du dauphin. *Paris, Didot,* 1789; in-4, d.-rel., mar. r., tr. dor.

22. Massillon. Petit Carême, publ. par Boissy d'Anglas. *Paris,* 1827; in-8, cart., n. rog., portr.

23. Lettres de quelques juifs portugais et allemands à M. de
Voltaire. *Paris*, 1769; in-8, v. m.

24. Histoire ecclésiastique, depuis la création jusqu'au pontificat de Pie IX, par le baron Henrion, publ. par l'abbé
Migne. *Paris*, 1852; 12 vol. gr. in-8 à 2 col., br.

25. Salvador (J.). Histoire des institutions de Moïse et du
peuple hébreu. *Paris*, 1828; in-8, 3 vol. brochés.

26. Chronologie historique des papes, par Louis de Mas-
Latrie. *Paris*, 1838; gr. in-8, broch., portrait.

27. Godescard (l'abbé). Vies des saints. *Versailles*, 1811;
12 vol. in-8, veau m. (Bel exempl.)

SCIENCES ET ARTS.

PHILOSOPHIE MORALE.

28. P. Charron. De la sagesse, trois livres. *Paris, Didot*,
1789; 2 vol. in-12, d.-rel., papier vélin.

29. Charron (Pierre). La Sagesse. *Leyde*, in-12, v. m., filet.
Elzevir (sans date).

30. Code pénal de la Chine, trad. par Renouard de Sainte-
Croix. *Paris*, 1812; 2 vol. in-8, v. m.

31. Cousin (V.). Cours de l'histoire de la philosophie avec
introduction. *Paris*, 1841; 1 vol. in-8, broch.

32. Cousin (V.) Histoire de la philosophie au xviiie siècle.
Paris, 1841; 2 vol. in-8.

33. Damiron. Histoire de la philosophie en France au
xixe siècle. *Paris*, 1828; 2 vol. in-8, veau.

34. Descartes. Ses œuvres, publ. par Victor Cousin. *Paris*,
1824; 11 vol. in-8, v. m.

35. Descartes. Lettres. *Paris*, 1724; 6 vol in-12, veau.

36. Education domestique. *Paris, Hachette*, 1837; 3 vol.
gr. in-8, d.-rel., cartes.

37. Foissac. L'influence des climats sur l'homme. *Paris*,
1842; in-8, broch.

38. La Bruyère. Œuvres. *Paris*, 1818; 3 vol. in-12, portr.,
mar. r., fil., tr. dor. (*Thouvenin*.)

39. L. Annæi Senecæ lucubrationes, cum notis Erasmi. *Basileæ, Froben.*, 1515; in-fol., fig. en bois, rel. en bois.

40. Maximes de La Rochefoucauld, publ. par Aimé Martin. *Paris, Lefèvre*, 1822; in-8, gr. pap. jésus vélin, portr., veau viol., fil., tr. dor.

41. Les abus dans les cérémonies et dans les mœurs (par l'abbé Dulaurens). *Paris*, 1788; in-12, v.

42. Machiavel. Œuvres. *La Haye*, 1743; 6 vol. in-12, v. m.

43. Macrobius, cum notis variorum. *Londini*, 1694; in-8, vél. (*Bel exempl.*)

44. Montaigne. Essais. *Paris, Lefèvre*, 1823; 5 vol. in-8, v. f., fil., tr. dor. (*Thouvenin*)

45. Morale de Confucius. *Amst., s. d.*, in-12, v. f., fil., tr. dor.

46. Noël. Nouveau Dictionnaire des origines, inventions et découvertes. *Paris*, 1827; 2 vol. in-8, v. m.

47. Œuvres de Locke et de Leibnitz. Essai sur l'entendement humain, revu et corrigé par M. Thurot. *Paris*, 1839; gr. in-8, broch.

48. Polydori Virgilii de rerum inventoribus. *Lugd. Batav.*, 1644; in-12, fr. gr., vél.

49. Testament politique du cardinal de Richelieu. *Amst.*, 1689; in-12, v. br.

50. Voltaire. Eléments de la philosophie de Newton. *Londres*, 1738; in-8, portr. et fig., v. br.

HISTOIRE NATURELLE, MÉDECINE, ETC.

51. Bonnet. Œuvres d'histoire naturelle et de philosophie. *Neufchâtel*, 1779; 8 vol. in-4, portr. et pl., v. m.

52. Brancas-Villeneuve. Explication du flux et reflux. *Paris*, 1749; in-4, v. m.

53. Buffon. Ses œuvres. *Paris, Furne*, 1839; 6 vol. gr. in-8, d.-rel., cartes, fig. color.
Figures coloriées.

53 bis. Cuvier. Rapport historique sur les progrès des sciences naturelles depuis 1789. *Paris, Imp. impér.*, 1810; gr. in-8, br.

54. **D'Orbigny.** Dictionnaire d'histoire naturelle. *Paris*, 1849; 13 vol. gr. in-8, br., et atlas en 3 vol., d.-rel., mar. roug., fig. col.

55. **D'Orbigny.** Paléontologie française. *Paris*, in-8, 62 liv. complètes et avec les planches.
Figures coloriées.

56. **Dubouchet.** Maladies des voies urinaires. *Paris*, 1842; in-8, br.

56 bis. **Doppet.** Aphrodisiaque externe, ou Traité du fouet et de ses effets sur le physique de l'amour. 1788; in-18 cart.

57. **Haüy.** Traité de minéralogie. *Paris*, 1801; 4 vol. in-8, d.-rel.

58. **Histoire naturelle de Pline.** *Paris*, 1829; 4 vol. in-8, br. (Publ. par *Panckoucke*.)

59. **Hygiène des yeux** pour la guérison des maladies des yeux, par J.-A. Goullin. *Paris*, 1843; in-8, br.

60. **Kilian.** Manuel législatif et administratif de l'instruction primaire. *Paris*, 1838-1839; in-8, br.

61. **Mémoires de la Société des sciences naturelles de Seine-et-Oise.** *Paris*, 1835; in-8, br.

62. **Morceaux extraits de l'Histoire naturelle de Pline**, par Guéroult, texte en regard. *Paris*, 1785; in-8, v. m.

63. **Pinel.** Traité de l'aliénation mentale. *Paris*, 1809; in-8, v. m.

64. **Plinii secundi Naturalis Historiæ.** *Venetiis*, *Aldus*, 1536; 4 vol. pet. in-8, rég., v. f., fil., tr. dor. (*Rare*.)

64 bis. **Roques (J.).** Histoire des champignons comestibles et vénéneux. *Paris*, 1841; in-8, br., et atlas de 24 pl. color.

65. **Sabatier.** Traité complet d'anatomie. *Paris*, 1791; 3 vol. in-8, v. marb.

66. **Tentamina quædam physiologica, a Rob. Boyle.** *Amst.*, *Dan. Elzév.*, 1667; in-12, mar. gr., fil., tr. dor.

67. **Barruel.** Traité élémentaire de géologie, minéralogie et de géognosie. *Paris*, 1839; in-8, br.

SCIENCES MATHÉMATIQUES, ETC.

68. **Amadieu.** Notions élémentaires de géométrie descriptive. *Paris*, 1838; in-8, br. — Traité d'arithmétique. *Paris*, 1839; in-8, br.

69. Annuaires pour les années 1829, 1830, 1833, 1834, 1835, 1836, 1837, 1838, 1839, 1840, 1841, 1842, 1851, 1858. Publiés par le bureau des longitudes, in-18, br.

70. Arago. Leçons d'astronomie professées à l'Observatoire royal. *Paris*, 1837; in-12, br.

71. Arithmétique. Reynaud (le baron). *Paris*, *Bachelier*, 1836; in-8, d.-rel.

72. Astronomie en vingt-deux leçons, ou les Merveilles des cieux par M. C. *Paris*, 1827; in-12, br., avec pl.

73. Baccalauréat ès sciences. Éléments des sciences physiques et naturelles. *Paris*, 1853; in-12, br.

74. Bailly. Histoire de l'astronomie ancienne, depuis son origine jusqu'à l'établissement de l'école d'Alexandrie. *Paris, Debure*, 1775; in-4, v. m.

75. Berzélius. Rapport annuel sur les progrès des sciences physiques et chimiques (trad. de). *Paris*, 1851; in-8, br.

76. Bezout. Cours de mathématiques à l'usage de la marine et de l'artillerie. *Paris*, 1812; in-8, br.

77. Biot. Essai de géométrie analytique appliquée aux courbes et aux surfaces du second ordre. *Paris*, 1805; in-8, v. m.

78. Biot (J.-B.). Traité élémentaire d'astronomie physique. *Paris*, 1810; 2 vol. in-8, br.

79. Traité de physique expérimentale et mathématique. *Paris*, 1816; 4 vol. in-8, br.

80. Blondeau. Manuel de minéralogie. *Paris*, 1831; in-12, broch.

81. Boislaurent (de). Nouvelle méthode pour la résolution des équations numériques d'un degré quelconque. *Paris*, 1822; in-4, br.

82. Bossut. Traité de mécanique statique. *Paris*, 1772; in-8, v. m., fil., tr. dor., fig.

83. Bourdon. Application de l'algèbre à la géométrie. *Paris*, 1828; in-8, br.

84. Bourdon. Éléments d'arithmétique. *Paris*, 1838; in-8, br.

85. Boussingault. Économie rurale considérée dans ses rapports avec la chimie, la physique et la météorologie. *Paris*, 1843; in-8, br., 2 vol.

86. Brunel-Varennes. Métroscopographie, ou Nouveau système de perspective. *Paris*, 1830; in-4, br., pl.

87. Burckhart. Tables astronomiques publiées par le Bureau des longitudes de France. Tables de la lune. *Paris*, 1812; in-4, br.

88. Callet. Tables de logarithmes. *Paris, Didot*, 1795; 2 vol. in-8, veau.

89. Carlier. Éléments d'arithmétique. *Paris*, 1835; in-8, br.

90. Carnot. Géométrie de position. *Paris, Crapelet*, an XI (1803); in-4, d.-rel., 15 pl.

91. Carnot. Mémoire sur la relation qui existe entre les distances respectives de cinq points quelconques pris dans l'espace. *Paris*, 1806; in-4, br.

92. Colin. Cours de chimie à l'usage de l'école militaire de Saint-Cyr. *Paris*, 1827; in-8, br.

93. Collection de machines, instruments, ustensiles, appareils employés dans l'économie rurale domestique, par le comte de Lasteyrie. *Paris*, 1823; 2 vol. in-4, v. m., grand nombre de pl.

94. Comptes-rendus de l'Académie des sciences (1841, 42 et 43). *Paris, Bachelier*, 6 gros vol. in-4, d.-rel. mar.

95. Cours de géométrie descriptive, par César Lambert et Picqué. *Paris*, 1843; in-8, br., pl.

96. Cuvier. Discours sur les révolutions de la surface du globe et sur les changements qu'elles ont produits dans le règne animal. *Paris*, 1828; in-8, br.

97. D'Alembert. Traité de dynamique. *Paris*, 1758; in-4, fig., v. m.

98. D'Alembert. Mathématiques. *Paris, Panckoucke,* 1784; 3 vol. in-4, d.-rel.

99. Demonferrand. Manuel d'électricité dynamique. *Paris,* 1825; in-8, br.

100. Description d'ouvrages curieux de mathématiques et de mécanique du cabinet de M. Grollier de Servière, par M. Grollier de Servière, son petit-fils. *Paris,* 1751; in-4, v. m., 100 pl.

101. Desmarets. Traité de chimie et application de cette science aux arts et aux manufactures. *Paris,* 1838 ; in-12, broch.

102. Disquisitiones arithmeticæ, autore Carolo, F. Gauss. *Lipsiæ,* 1801; in-8, br.

103. Duchesne. Questions inédites relatives aux examens de l'École polytechnique et de la marine. *Paris,* 1834 ; in-8, br.

104. Duhousset. Application de la géométrie à la topographie. *Paris,* 1842; in-8, br.

105. Éléments d'algèbre, par Léonard Euler. *Paris,* 1807; 2 vol. in-8, br.

106. Eléments de mathématiques pures et appliquées, par H. Sonnet. *Paris,* 1853; in-12, br.

107. Francœur. Traité élémentaire de mécanique. *Paris,* 1807; in-8, br.

108. Francœur. Cours de mathématiques pures. *Paris,* 1809; 2 vol. in-8, d.-rel.

109. Francœur. Uranographie, ou Traité d'astronomie à l'usage des personnes peu versées dans les mathématiques. *Paris,* 1828; in-8, br.

110. Francœur. Uranographie, ou Traité élémentaire d'astronomie. *Paris,* 1837; in-8, br.

111. Garnier. Éléments d'algèbre à l'usage des aspirants à l'École polytechnique. *Paris,* 1806; in-8, br.

112. Garnier (J.-C.). Analyse algébrique, faisant suite aux Éléments d'algèbre. *Paris,* 1804; in-8, br.

113. Garnier. Réciproques de la géométrie, suivies d'un recueil de théorèmes et de problèmes. *Paris*, 1810; in-8, br.

114. Du fontainier-sondeur et des puits artésiens. *Paris*, 1822; in-4, br.

115. Garnier. Précis d'un cours de psycologie. *Paris*, 1831; in-8, br.

116. Gattey. Tables des rapports des anciennes mesures agraires avec les nouvelles. *Paris*, 1810; in-8, v. m.

117. Géométrie élémentaire et pratique de feu Sauveur, de l'Académie des sciences, publ. par Leblond. *Paris*, 1754; in-4, fig., v. br.

118. Géométrie d'Euclide, par F. Peyrard. *Paris*, 1804; in-8, br.

119. Guérin-Varry. Nouveaux éléments de chimie théorique et pratique. *Paris*, 1833; in-8, br.

120. Hachette. Second supplément de la Géométrie descriptive. *Paris*, 1818; in-4, br.

121. Hachette. Traité de géométrie descriptive, avec 67 planches in-4 et in-fol. *Paris*, 1822; in-4, br.

122. Haüy. Traité élémentaire de physique. *Paris*, 1803; 2 vol. in-8, v. m., fig.

123. Histoire de l'Académie royale des sciences, 1699-1716. *Paris, imp. roy.*, 1702-1718; 17 vol. in-4, v. f. Beau frontispice gravé d'ap. Coypel.

124. Joannet. Réponses aux questionnaires des examens pour l'admission à l'école de Saint-Cyr. *Paris, Bachelier*, 1847; in-8, d.-rel., pl.

125. Journal de l'École polytechnique, publié par le conseil d'instruction de cet établissement. *Paris*, 1809; in-4, br.

126. Journal de l'instruction élémentaire, par des membres de l'Université. *Paris*, 1830; in-8, br., 3 vol.

127. Journal des connaissances nécessaires aux industriels, aux manufacturiers, etc., par une société de savants. *Paris*, 1839; in-8, br.

128. Kaemtz. Cours complet de météorologie. *Paris, 1843*;
in-12, br.

129. Lacroix. Traité de calcul différentiel et de calcul inté-
gral. *Paris, 1802*; in-8, v.

130. Traité élémentaire de trigonométrie rectiligne. *Paris,
1803*; in-8, br.

131. Lacroix. Complément des Éléments d'algèbre. *Paris,
1804*; in-8, br.

132. Lacroix. Traité du calcul différentiel et du calcul inté-
gral. *Paris, 1810*; 3 vol. in-4, d.-rel.

133. Introduction à la géographie mathématique et critique
et à la géographie physique. *Paris, 1811*; in-8, br.

134. Lacroix. Éléments de géométrie à l'usage de l'école
centrale des Quatre-Nations. *Paris, 1811*; in-8, br.

135. Lacroix. Leçons de géométrie appliquée aux arts. *Versailles, 1841*; in-4, br., fig.

136. Laisné. Programme détaillé d'un cours complet de mathématiques élémentaires. *Paris, 1832*; in-8, br.

137. Lamé. Examen des différentes méthodes employées
pour résoudre les problèmes de géométrie. *Paris, 1818*;
in-8, br.

138. Lambert (C.). Trigonométrie rectiligne. *Paris, 1841*;
in-8, br.

139. Lagrange. Théorie des fonctions analytiques, contenant
les principes du calcul différentiel, etc. *Paris, an v*;
in-4, br.

140. Larrouy. Essai d'une nouvelle théorie de la similitude
des figures géométriques. *Paris, 1835*; in-8, br.

141. Lavoisier. Traité élémentaire de chimie. *Paris, 1801*; 2
vol. in-8, v. m., fig.

142. Lavoisier. Opuscules physiques et chimiques, avec fig.
Paris, 1801; in-8, v. marbr.

143. Lefebure de Fourcy. Traité de géométrie descriptive.
1830; in-8, br., 2 vol., dont 1 de pl.

144. Lefebure de Fourcy. Leçons de géométrie analytique.
Paris, 1840; in-8, br.

145. Legendre. Éléments de géométrie, avec notes. *Paris*,
1837, in-8, br.

146. Lhuilier (S.). Éléments d'analyse géométrique et d'a-
nalyse algébrique appliquées à la recherche des lieux géométriques. *Paris*, 1809; in-4, br.

147. Libes (A.). Traité élémentaire de physique d'après les
découvertes modernes. *Paris*, an x; in-8, br., 3 vol.

148. Libes (A.). Histoire philosophique des progrès de la
physique. *Paris*, 1810; in-8, br., 4 vol.

149. Libri (Guill.) Histoire des sciences mathématiques en
Italie, depuis la Renaissance jusqu'à la fin du xviie siècle.
Paris, 1838; in-8, 4 vol.

151. Lionnet. Eléments de géométrie. *Paris*, 1844; in-8, br.

152. Mahistre. Traité de géométrie élémentaire. *Paris*; in-8,
broch.

153. Manuel de perspective du dessinateur (par Vergnaud).
Paris, 1835; in-12, br.

154. Manuel de chimie dans l'état actuel de la science. *Paris*,
1838; in-12, br.

155. Mascheroni. Géométrie du compas, trad. de l'italien,
par M. Carette. *Paris*, 1828; in-8, br.

156. Maupertuis (de). Figures de la terre. *Paris, Imp. roy.*,
1738; in-8, fig., v. br.

157. Maupertuis. Œuvres. *Lyon*, 1756; 4 vol. in-8, portr.,
v. m.

158. Mayer et Choquet. Traité élémentaire d'Algèbre. *Paris*,
1836; in-8, br.

159. Monge. Traité élémentaire de statique à l'usage des
écoles de la marine. *Paris*, 1803; in-8, br.

160. Monge. Application de l'analyse à la géométrie. *Paris*,
1809; in-4, br.

161. Monge. Géométrie descriptive. *Paris*, 1820; in-4, pl.,
v. m.

162. Monge (G.). Géométrie descriptive. *Paris*, 1820; in-4, broch.

163. Montferrier. Dictionnaire des sciences mathématiques pures et appliquées. *Paris*, 1835; 3 vol. gr. in-8, d.-rel.

164. Montucla. Histoire des mathématiques. *Paris*, an VII; 2 vol. in-4, d.-rel.

165. Murphy. Rudiments des forces primaires de la gravitation, du magnétisme et de l'électricité. *Paris*, 1830; in-8, broch.

166. Mutel (A.). Traité élémentaire d'astronomie à l'usage des gens du monde. *Paris*, 1839; in-8, br., pl.

167. Navier Résumé des leçons d'analyse données à l'École polytechnique. *Paris*, 1840; in-8, br., 2 vol.

168. Newton. Arithmet. universalis, cum commentar. Castillionei. *Amst.*, 1761; 2 vol. in-4, pl., v. m.

169. Notices historiques des peintures et des sculptures du palais de Versailles. *Paris*, 1835; in-12, br.

170. Peyré. Cours de physique destiné aux élèves de l'École royale spéciale militaire. *Paris*, 1830; in-8, br.

171. Peyré. Cours de physique, de chimie et de cosmographie. *Paris*, 1836; in-8, br.

172. Peyré. Notions de statique et de mécanique industrielle. *Paris*, 1840; in-8, br., pl.

173. Cours de physique, de chimie, et de cosmographie. *Paris*, 1842; in-8, br.

174. Poinsot. Éléments de statique. *Paris*, 1803; in-8, br.

175. Poinsot. Éléments de statique, suivis de trois mémoires. *Paris, Bachelier*, 1837; in-8, br.

176. Poisson (S.-D.). Traité de mécanique. *Paris*, 1811; in-8, br., 2 vol.

177. Poisson. Théorie mathématique de la chaleur. *Paris, Bachelier*, 1825; in-4, v. ant., fil.

178. Poisson. Cours de mécanique. In-4, cart.

179. Poncelet. Introduction à la mécanique industrielle. *Paris*, 1839; in-8, br., pl.

180. Pouillet. Éléments de physique expérimentale et de météorologie. *Paris*, 1827; in-8, br., pl. (tom. 1er).

181. Pouillet. Éléments de physique expérimentale et de météorologie. *Paris*, 1837; in-8, br., 2 vol.

182. Pontécoulant (de). Traité élémentaire de physique, servant d'introduction à l'étude de cette science. *Paris*, 1840; in-8, br., 2 vol.

183. Puissant (L.). Traité de géodésie. *Paris*, 1805; in-4, br.

184. Puissant (L.). Traité de topographie, d'arpentage et de nivellement. *Paris*, 1807; in-4, br.

185. Quételet. Astronomie élémentaire. *Paris*, 1826; in-12, cart.

186. Rapport historique sur les progrès des sciences mathématiques, rédigé par Delambre. *Paris*, 1810; in-8, br.

188. Raspail (F.-V.). Nouveau système de chimie organique. *Paris*, 1833; in-8, br.

189. Reynaud. Notes sur l'algèbre. *Paris, Bachelier*, 1823; in-8, v. m.

190. Ritt (Geo.). Problèmes d'application de l'algèbre à la géométrie. *Paris*, 1836; in-8, br.

192. Rozet. Cours élémentaire de géognosie. *Paris*, 1830; in-8, br.

193. Somerville. De la connexion des sciences physiques, accompagnée des découvertes et expériences les plus remarquables des savants modernes. *Paris*, 1837; in-12, br.

194. Silvabelle (Jacques). Traité des variations célestes ou des inégalités du mouvement des planètes. 1756; in-4, fig., v. m.

195. Sonnet. Solutions raisonnées des problèmes d'arithmétique de M. de Saigey. *Paris*, 1841; in-12, br.

196. Souquet (J.-B.). Métrologie française, ouvrage utile à toutes les classes de la société. *Toulouse*, 1840; gr. in-8, broch.

197. Souquet. Métrologie française ou **Manuel** du système métrique. *Toulouse*, 1840; gr. in-8, br.

198. Spallanzani. Opuscules de physique animale et végétale, trad. par Jean Senebier. *Genève*, 1777; in-8, cart., 2 vol.

199. Tapiès (de). Statistique morale et physique de la France, comparée à celle de l'Angleterre. *Paris*, 1845; grand in-8, br.

200. Tarbé. Manuel des poids et mesures. *Paris*, 1839; in-12, br.

201. Terquem. Manuel de mécanique, à l'usage des personnes privées d'un maître. *Paris*, 1828; in-12 br.

202. Traité de chimie. *Paris*, 1827; 5 vol. in-8, d.-rel.

203. Traité d'astronomie, par sir William Herschell. *Paris*, 1836; in-12, br., fig.

204. Traité élémentaire de mécanique industrielle, par S. Flachat. *Paris*, 1835; 2 vol. in-4, d.-rel., dont un de pl.

205. Vernier. Géométrie élémentaire, à l'usage des classes d'humanités. *Paris*, 1842; in-12 br.

ARTS DIVERS ET BEAUX-ARTS.

206. Académie universelle des jeux. *Lyon*, 1810, 3 vol. in-12, bas.

207. Descamps. Vies des peintres flamands, allemands et hollandais. *Paris*, 1753; 5 vol. in-8, portr., d.-rel. veau.

208. Dictionnaire universel des arts et métiers. *Paris*, 1837; 6 vol. in-8. d.-rel.

209. Landscape français. *Paris, Janet*, 1834; pet. in-8, fig., dem.-rel.

210. Girodet. OEuvres posthumes, avec une notice par Coupin. *Paris, J. Renouard*, 1829; 2 vol. gr. in-8, fig. sur pap. de Chine, veau fauve, fil., tr. dor., dans un étui.

211. Guizot. Études des beaux-arts. *Paris*, 1852; in-8 br.

212. Musée de peinture et de sculpture. 24 livraisons in-12. *Paris*, 1828; br. avec gravures.

213. Recueil d'airs avec accompagnement de guitare. 1 vol. in-4, mar. rouge, anc. rel.

214. Giorgio. Vasari. Vies des peintres, sculpteurs et architectes. *Paris*, 1839; 5 vol. in-8, br.

215. Vitruve. Les dix livres d'architecture, trad. de Perrault. *Paris*, 1673; in-fol., v. br.

216. Winckelmann. Ses œuvres (de l'Art chez les anciens, an II); 3 vol. in-4, fig.
Le titre du premier volume manque. C'est la meilleure édition.

BELLES-LETTRES.

AUTEURS GRECS ET LATINS.

217. Alexandri ab Alexandro, genalium dierum libri. *Lugd.*, 1616; in-8, réglé, mar. r. comp. (rel. anc.)

219. Anacréon. Odes trad. par J. B. de Saint-Victor. *Paris*, 1810; in-8, mar. bl., fil., tr. dor.
Belles figures de Girardet.

220. Apulée, l'Ane d'or. *Châtillon-sur-Seine*, an v; 2 tomes en 1 vol. in-8, bas.

221. Annæi, Lucani Pharsalia. *Amst.*, *typ. Lud. Elzev*, 1651; pet. in-12, fr. gr., v. m.

222. Aristophanis Comediæ græce et latine, cum indicibus. *Parisiis, Didot*, 1846; gr. in-8 br.

223. Aristophane. Théâtre, trad. en français par Poinsinet de Sivry. *Paris, Didot*, 1784; 4 vol. in-8, veau f., fil. (*Derome.*)

224. Catulli, Tibulli et Propertii, opera. *Birminghamiæ, Basherville*, 1772; in-4, d.-rel.

225. C. Catullus, C. Julius Cæsar; recensuit Pottier. *Parisiis*, 1825-26; 4 vol. in-8, d.-rel.

226. Ciceronis orationes, recensuit Angelus Maius. *Mediolani*, *Regiis typis, 1817*; in-fol., d.-rel., n. rog.
Grand papier

227. Cicéron. Oraisons choisies (texte et traduct. en regard). *Paris, Barbou*, 1786; 4 vol. in-12, veau.

228. Claudiani quæ exstant. *Ams., Lud. Elzév.*, 1650 ; petit in-12, fr. gr., vél.

229. Fr. Josephi Desbillons. Fabulæ Esopiæ. *Parisiis, Barbou*, 1769; in-12, fr. gr.

230. Dictionarium propriorum nominum. etc. *Parisiis, Rob. Stephani typ.*, 1512; in-4, v. b.

231. Érasme. Éloge de la folie, trad. de Gueudeville. *Amst.*, 1731; in-12, fig., v. m.
Figures d'Holbein.

232. Euphormionis Lusini sive Barclaii satyricn. *Lugd., Batav., apud. Elzev.*, 1655; in-12, mar. rouge.

233. Ésope. Fables d'Ésope trad. en français, enrichies de discours moraux, par J. Beaudouin, de l'Académie française. *Paris*, 1683; 2 tomes en 1 vol. in-12 mar. vert, tr. dor. (*Hardy*).
Volume orné de très-jolies figures, à la fin duquel on trouve les *Fables de Philelphe*, traduites en français par le même.

234. Gabrielis Faerni cremonensis fabulæ centum. *Parma, Bodoni*, 1793; in-fol. br., avec fig. avant la lettre.

235. Heinsii poemata. *Lugduni Batavor. Elzev.*, 1640; pet. in-12, mar. rouge, tr. dor.

236. Heinsii orationum. *Luyd. Batav., ex offic. Elzev.*, in-12, mar. rouge, fil., tr. dor., (anc. rel.).

237. Heinsii poemata. *Lugd. Batav., ex offic. Elzev.*, 1653; petit in-12, v. m.

238. Héliodor. Amours de Théagènes et Chariclée, histoire éthiopique d'Héliodore, trad. en franç. *Londres*, 1743; 2 t. en 1 v. in-12, v. fauve, fil., tr. dor., fig. (Bel exempl.)

239. Homère. L'Iliade et l'Odyssée, trad. par Bitaubé. *Paris*, 1810; 6 vol. in-8, v. m.

240. Q. Horatius Flaccus, Daniel Heinsius. *Amstel., apud. Dan. Elzev.*, 1676; in-8, fr. gr., mar. r.

241. Horace. Poésies, trad. par Sanadon. *Paris*, 1756; 3 v. in-12, v. m.

242. Horace. Ses œuvres trad. en vers par Daru. *Paris*, 1823; 2 vol. in-8, veau.

243. Mich. Hospitali carmina. *Amst.*, 1732; in-8, vél. dor.

244. Junii Juvenalis satyræ. *Amsterodami*, 1671; in-16, v. br.

245. Lucien, traduction de Perrot d'Ablancourt. *Amst.*, 1709; 2 vol. in-12, fr. gr. et fig., v. f., fil., tr. dor.

246. Lucien. Le Songe, la fable des Alcyons et le Misanthrope, trad. en français par Lavau. *Paris*, 1801; in-8 br.

247. Lucien. L'Ane de Lucius de Patras, suivi de l'Histoire véritable des amours d'Abrocome et d'Anthia. *Paris*, 1824; in-8 br.

248. M. Val. Martialis. *Amstel.*, 1650; in-16, m. r., fil. dor.

248 bis. Noël. Dictionnaire de la Fable. *Paris*, an XII (1803); 2 v. in-8, v. m.

249. Ovide. Les Métamorphoses représentées en figures, avec traduct. franç. de l'abbé Banier. *Crapelet*, 1807; in-8, d.-r. mar. Belles fig. de Monnet, t. Ier.

250. Ovide. OEuvres complètes. *Paris*, an VII; 7 vol. in-4 br., fig.

251. Ovide. Métamorphoses, trad. par l'abbé Banier. *Amst.*, 1732; fig. de Picart, 2 tom. en 1 vol. gr. in-fol., mar. r. Anc. rel. (*Superbe exemplaire comme condition de reliure et d'épreuves.*)

252. Perse. Satires, trad. en vers par Raoul, biblioth. de la Ville (texte en regard). *Meaux*, 1812; in-8, veau, fil.

253. Petrone. Latin et franç. (trad. de Nodot), 1713; 2 vol. in-12; mar. rouge, fil., tr. dor.

254. Plinii Cæcilii epistolarum. *Lugd. Batav., ex offic. Elzev.*, 1640; pet. in-12, v. br.

255. Terentii comœdiæ ad usum Delphini. *Parisiis*, 1675; in-4, vél.

256. Terentii comœdiæ. *Edimburgi*, 1758; in-8, veau écaille, fil., tr. dor.

257. Jacobi Vanierii prædium rusticum. *Parisiis, J. Barbou*, 1774 ; in-12, front. gr., v. m.

258. Virgilii Maronis opera. *Lugd. Batav., Elzev.*, 1636; pet. in-12, fig., mar. rouge.

259. Virgilii Maronis opera ad usum Delphini. *Parisiis*, 1682; in-4, v.

260. Virgilii Maronis opera. *Parisiis, Barbou*, 1790 ; 2 vol. in-12, fig., veau éc., fil., tr. dor.

261. Virgile, Salluste et Horace, publ. par Potier. *Paris*, 1823 ; 4 vol. in-8, v. viol., fil., papier vélin.

AUTEURS FRANÇAIS.

262. Anecdotes politiques et galantes de Samos et de Lacédémone. *La Haye*, 1744 ; in-12, v. m., fil.

263. Anecdotes littéraires (par l'abbé Raynal). *Paris*, 1750 ; 2 vol. in-12, veau.

264. Arbouville (madame d'). Poésies et nouvelles. *Paris, Amyot*, 1865 ; 3 vol. in-8. d.-rel. mar. viol.

265. Balzac (sieur de). (Œuvres diverses du). *Leyde*, 1658 ; in-12, v. m., fil., dor. (*Elzevir.*)

266. Baratte. Poëtes normands, avec portraits gravés, les originaux les plus authentiques. *Paris*, in-4 br.

267. Barthélemy. Napoléon en Egypte, poëme en huit chants, par Barthélemy et Méry. *Paris*, 1828 ; in-8, broch.

268. Batteux (l'abbé). Quatre poétiques (les) d'Aristote, d'Horace, de Vida, de Despréaux, avec les traductions et des remarques. *Paris*, 1771 ; in-8, maroq. vert, filet, dor., 2 vol.

269. Bauvin, de la société littér. d'Arras. Pièces de théâtre. *Paris*, 1773 ; in-8, fig., v. m.

270. Beaumarchais (Œuvres de). *Paris*, 1818 ; 4 vol. pet. in-12, v. vert.

271. **Béranger.** Ses œuvres complètes. *Paris, Perrotin,* 1856;
2 vol. (56 grav.). — Dernières chansons. 1834-1851. *Paris,*
1851; 1 vol. — Musique des chansons de Béranger, 1856;
1 vol. avec les figures de Grandville ajoutées. Ensemble
4 vol. in-8, d.-rel., veau fauve.

272. **Bernis.** Ses œuvres. *Londres (Cazin),* 1786; 2 vol.
in-12, veau écaille, fil., tr. dor.

273. **Berquin.** Idylles, 2e recueil, in-12 broché, non rogné.
jolies fig, de Marillier.

274. **Boileau.** OEuvres. *Paris, P. Didot,* 1815; 3 vol. in-8,
v. f., fil., tr. dor.

275. **Bossuet.** Oraisons funèbres. *Paris, Desaint,* 1743; in-12,
v. m.

276. **Cabrié.** Le Troubadour moderne. *Paris,* 1844; in-8,
broché.

277. **Canapé (le)** couleur de feu, par M. de *** (Fougeret
de Montberon). *Amsterdam,* 1761; in-12, d.-rel.

278. **Casimir Delavigne.** Sept Messéniennes nouvelles. *Paris,*
1827; in-8, broch.

279. **Casimir Delavigne.** OEuvres complètes. *Paris,* 1854,
in-8, broch., portrait, 6 vol.

280. **Cazotte.** OEuvres. *Londres,* 1798; 3 vol. in-12, cart.

281. **Cent nouvelles nouvelles.** *Cologne, Pierre Gaillard,*
1836; fig.. 2 vol. in-12, v. m., fil.
Figures de Romain, de Hooghe.

282. **Charpentier.** Eléments de la langue russe. *Saint-Pétersbourg,* 1787.

283. **Chateaubriand.** Ses œuvres complètes. *Paris, Lefèvre,*
1836; 5 vol. gr. in-8, portr., mar. bleu, fil. à comp., tr.
dor. (*Capé.*)

284. **Chaulieu.** Ses poésies, suivies de celles de La Fare.
Paris, 1825; 2 vol. in-16.

285. **Chénier.** Théâtre. *Paris, Baudouin,* 1821; 3 vol. in-12,
v. m.

286. Choix de romans (par M. de La Place). *Paris, Cazin,* 1786 : 2 vol. in-12, mar. viol., tr. dorées. Jolies figures.

287. Choix de romans historiques. *Londres,* 1747 ; 4 vol. in-12, v, m.

288. Chopin. Dythyrambe sur l'inondation de Saint-Pétersbourg. *Paris,* 1825.

289. Christophe. Dictionnaire pour servir à l'intelligence des auteurs classiques. *Paris,* an xiii ; 2 vol. in-8, bas.

290. Colardeau. Ses œuvres. *Paris,* 1825 ; 2 vol. in-16, avec gravures.

291. Collections : 18 vol. de la Bibl. des chemins de fer de M. Michel Lévy et de la Librairie nouvelle ; in-12, br.

292. Constant. Le Triomphe d'Alexandre, chant national. *Paris,* 1814.

293. Courier (P.-Louis). Œuvres complètes, avec un essai sur la vie et les écrits de l'auteur, par Armand Carrel. *Paris,* 1834 ; in-8, broché, 4 vol.

294. Coyer (l'abbé). Bagatelles morales. *Londres,* 1754, suivies de *Dissert. pour être lues,* 1755. — Histoire de Henri-le-Grand, 1 vol. — Mém. de Grammont, 2 vol. — 4e vol. du Manuel des boudoirs, br.

295. Crébillon. Œuvres. *Paris,* 1785 ; 3 vol. in-8, fig. de Marillier, v. m.

296. Crébillon. Ses œuvres. *Paris, Lefèvre,* 1828 ; 2 vol. in-8, portr., d.-rel., non rog., papier vélin.

297. Dacier. Rapport historique sur les progrès de l'histoire et de la littérature française depuis 1780. *Paris,* 1810 ; in-8, broch.

298. Delille. Ses œuvres. *Paris,* 1824 ; in-8. carton., 15 vol., fig.

299. Enizart (le chevalier d'). Satyres sur les femmes bourgeoises qui se font appeler madame ; in-8, v. br. (Manq. le titre.)

300. Destouches. Ses œuvres. *Paris,* 1820 ; 6 vol. in-8, d.-rel., fig.

302. Dorat. Ses œuvres mêlées. *Paris,* 1767 ; 2 vol. in-8,
port. et. fig. d'Eisen, v. éc., fil., tr. d.

303 Dorat. La déclamation théâtrale. *Paris,* 1767 ; in-8, v.
m., fil., tr. d , fig. d'Eisen.

304. Dorat. Mes fantaisies. *Amst.,* 1768 ; in-8, fig., v. m.,
fil., tr. d. (figures d'Eisen).

305. Dorat. OEuvres choisies. *Paris, Janet,* 1827 ; in-8, fig.,
v., fil., tr. d.

306. Ducange (Victor). Le Médecin confesseur, ou la jeune
Émigrée. *Paris,* 1825 ; 6 tom. en 3 vol in-12 cart. (1re édition). — Les trois Filles de la veuve. Id.

307. Ducis. OEuvres. *Paris,* 1819 ; 3 vol. in-8, portr. et fig.,
veau.

308. Duclos. OEuvres complètes. *Paris,* 1821 ; 6 vol. in-8,
d.-rel.

309. Espion (l') dans les cours des princes chrétiens (1637-
1697). *Amst.,* 1756 ; 9 vol. in-12, v.

310. Fénelon. Aventures de Télémaque, préc. d'une notice
par Villemain. *Paris,* 1824 ; 2 vol. in-8, pap. vél., d.-rel.

311. Fénelon. Aventures de Télémaque. *Paris, Tilliard,*
1785 ; 2 vol. in-fol., fig., v. fauv., fil., tr. d.
Très-bel exemplaire en grand papier, figures de Monnet.

312. Fléchier. Oraisons funèbres de Bossuet et autres ora-
teurs, publ. par Dussault. *Paris, Janet,* 1820 ; 4 vol. in-8,
portr. et fig., fil., tr. d.

313. Florian. Ses œuvres. *Paris, Didot,* 1796 ; 14 vol. in-18,
v. m., tr. d., jol. fig. de Queverdo.

314. Fontenelle. Ses œuvres, avec notice historique sur sa
vie et ses ouvrages. *Paris,* 1825 ; in-8 br., 5 vol.

315. Gail. Mythologie dramatique, trad. du grec de Lucien.
Paris, an III ; 3 vol. in-12, pap. vél., v. éc., fil., tr. d.

316. Geoffroy. Cours de littérature dramatique. *Paris,* 1819 ;
4 vol. in-8, v.

317. Grandville. Fleurs animées, texte par Taxile Delord.
Paris, 1847 ; in-8, d.-rel. mar.
Figures coloriées.

318. Grécourt. OEuvres choisies. *Genève* (Cazin), 1777 ; 2 vol.
in-18, v., tr. d.

319. Grécourt. OEuvres choisies. *Genève*, 1777 ; 3 vol. in-12,
fig., v., tr. d.

320. Guinguené. Histoire littéraire d'Italie. *Paris, Michaud*,
1811 ; 10 vol. in-8, v., fil.

321. Mme Guizot. Lettres d'Abeilard et Héloïse, *Paris*, 1839 ;
2 vol. gr. in 8, fig., d.-r. Illustrations de J. Gigoux.

322. Harleville (Collin d'). Ses œuvres complètes. *Paris*,
1825 ; 2 vol. in-12, d.-rel.

323. Histoire de Marguerite de Valois (par Mlle de Laforce).
Paris, Didot, 1783 ; 6 vol. in-12, d.-rel, pap. vél.

324. Histoire amoureuse des Gaules. *S. l. n. d. (Holl. Elz.)*.
mar. citr., fil., tr. d., front. gravé.

325. Histoire amoureuse des Gaules (d'ap. Bussi-Rabutin et
autres). 1754 ; 5 vol. pet. in-12, fr. gr., v. m.

326. Histoire et plaisante chronique du petit Jehan de Sain-
tré (publiée avec notes historiques par Gueulette). *Paris*,
1724 ; 3 vol. pet. in-12, v. ant., fil., tr. d. (*armes*), joli
exemplaire.

327. Histoire secrète des femmes galantes de l'antiquité.
Amst., 1745 ; 6 vol. in-12, v. jaspé.

328. Histoire de très noble et chevaleureux prince Gerard,
comte de Nevers et de Rethel, et de la très vertueuse et
sage princesse Euriant de Savoye, sa mye. *Paris*; in-12,
mout. rouge, fil.

329. Histoire du prince Apprius...... par messire Esprit,
gentilhomme provençal servant dans les troupes de Perse
(par Beauchamp). *Constantinople, l'année présente*; in-12,
v. marb., fil. (*Clef des noms manuscrite ajoutée.*)

330. Lalane. Le Potager, essai didactique, suivi du Voyage à
Sorèse. *Paris, Didot*, 1802 ; in-18, v. fauv.

331. La Fontaine. Contes et Nouvelles. *Paris, Renouard,*
1803 ; 2 vol. in-12, pap. vél., v. fauv., fil., tr. d. (*Bozc-*
rian).

332. La Fontaine. Fables. *Paris, Bossange,* an IV (1796);
6 vol. in-12, fig., mar. r., fil., tr. d. (*Simier*).
Exemplaire en grand papier vélin, figures de Simon et Coiny.

333. La Fontaine. Contes et Nouvelles en vers. *Haye (Cazin),*
1778 ; 2 vol. pet. in-12, v. écail., fil., tr. d.

334. La Fontaine. Ses contes et nouvelles en vers. *Paris,*
1825 ; 2 vol. in-16, v. f.

335. La Fontaine. Amours de Psyché et Cupidon. *Paris, Di-*
dot, an III ; in-4, v. fauv., tr. d. (*Bozérian*).
Figures de Moreau. Bel exemplaire.

336. Lamartine Méditations poétiques. *Paris,* 1820 ; in-8
broché.

337. Lamartine (A. de). Harmonies poétiques et religieuses.
Paris, 1830; 2 vol. in-8 br.

338. Lemontey. Ses œuvres. *Paris,* 1829 ; 5 vol. in-8 br.

339. Legouvé et de Vigée. Poëmes. *Paris, Crapelet,* an VII;
in-12, pap. vél., v. m.

340. Legouvé. Le Mérite des Femmes, et autres poésies.
Paris, 1824; in-12, mar. gris, fil. d., avec grav.

341. Lesage. Aventures de Gil Blas. *Londres,* 1749 ; 4 vol.
pet. in-12, bas.

342. Lesage. Histoire de Gil Blas. *Paris,* 1835 ; gr. in-8, fig.,
d.-rel.
Viguettes de J. Gigoux.

343. Lord Byron. OEuvres, trad. par Benjamin Laroche.
Paris, Charpentier, 1836; 4 vol. gr. in-8, d. rel.
Figures anglaises ajoutées.

344. Louvet de Couvrai. Amours de Faublas. *Paris, Didot,*
1825 ; 4 vol. d.-rel., fig. de Colin.

345. Lurine et Le Brot. Les Couvents. *Paris,* 1846 ; 1 vol.
in-8 cart., édit. illustrée.

346. Marivaux. Ses œuvres et son théâtre. *Paris, Duchesne,*
1758 ; 7 vol. in-12, portr., v., fil., tr. d.

347. Marot. Œuvres de Clément Marot. *La Haye, Moetjens,*
1700; 2 vol. in-12, v., tr. d.

348. Mémoires de George-Anne Bellamy, actrice du théâtre
de Covent-Garden, trad. de l'angl. par Benoist. *Paris, an*
VIII; 2 vol. in-8, d.-re.l

349. Mémoires d'un Sot, contenant des niaiseries historiques,
révolutionnaires et diplomatiques. *Paris, 1820;* in-8, v.
mar.

350. Mérard Saint-Just. Organt. *Au Vatican, 1789;* in-18,
d.-rel.

351. Mérard Saint-Just. L'Occcasion et le Moment, ou les
petits Riens. *La Haye, Didot,* 1782; 2 vol. in-18, v. jaspé,
fil.

352. Michaud. Printemps d'un proscrit et Enlèvement de
Proserpine. *Paris, 1827;* in-8, v.

353. Michaud. Le Printemps d'un proscrit, poëme en quatre
chants, suivi de l'Enlèvement de Proserpine. *Paris, 1827;*
in-8 br.

354. Mille et une Nuits. *Paris, Bourdin;* 3 vol. gr. in-8, d.-
rel., mar. r., fig., édit. illustrée.

355. Mille (les) et une Folies, contes français, par N** (Nou-
garet). *Amst.,* 1771; 4 vol. in-12, d.-rel.

356. Mille (les) et un Jours, contes persans, turcs, trad. par
Petit de la Croix, Cazotte, etc... *Paris,* 1843; 1 vol. gr. in-
8, fig., d.-rel.

357. Millevoye. Œuvres. *Paris, Ladrocat,* 1823; 6 vol in-12,
fig., d.-rel.

358. Mirabeau. Recueil de ses discours. *Paris,* 1789-1791;
4 vol. in-8, d.-rel.

359. Misère (la) des garçons boulangers de la ville de Paris.
Troyes; in-12, d.-rel.

360. Molière. Ses œuvres, avec commentaires par Auger.
Paris, Desoer, 1819; 9 vol. in-8, fig., d.-rel. (*édition
iustement estimée*).

361. Montesquieu. Ses œuvres. *Paris*, 1819 ; 8 vol. in-8, v. porph., fil.

362. Moulinet. Histoire comique de Francion, par Nicolas de Moulinet. *Leyde, Elzevir*, 1668 ; 2 vol. pet. in-12 pareh. (*édit. rare et recherchée*).

363. Moyen (le) de parvenir. 1000, 700, 73 ; 2 tom. en 1 vol. in-12, d.-rel.

364. Ninon de Lenclos. Lettres au Mis de Sévigné. *Paris*, 1806 ; 3 vol. in-12, bas.

365. Nodier (Ch.). Histoire du roi de Bohême et de ses sept châteaux. *Paris, Delangle*, 1830 ; in-8, fig., d.-rel.

366. Nodier (Ch.) et Le Peintre. Bibliothèque dramatique du Théâtre-Français, avec remarques et notes, et l'examen de chaque pièce. *Paris*, 1824 ; 21 vol. in-8 br.

367. Paul de Kock. Jean. *Paris*, 1828 ; 4 tom. en 2 vol. in-12 cart. (*prem. édit.*).

368. Petite Encyclopédie poétique, par une Société de gens de lettres. *Paris*, 1804 ; 15 vol. in-12, pap. vél., v., tr. dor. (*collect. estimée.*).

369. Pielat. Le Secrétaire nouveau, ou Lettres nouvelles et curieuses. *Amst.*, 1679 ; pet. in-12, front. gravé, mar. bl., fil., tr. dor. (*Duru*), très-joli exemp.

370. Pigault-Lebrun. OEuvres complètes. *Paris*, 1822, 20 vol. in-8, d.-rel., mar. br.

371. Pline le Jeune. Lettres. *Paris*, 1773 ; 3 vol. pet. in-12, v. mar.

372. Poésies critiques, par M. E. T. S. D. T. (Étienne Simon de Troyes.) *Londres*, 1786 ; 2 vol. in-12, v. éc., tr. dor.

373. Polexandre (par de Gomberville). *Paris*, 1645 ; 5 vol. in-8, v. fauv.

374. Polignac. Anti-Lucrèce, poëme sur la religion naturelle, par le cardinal de Polignac. *Paris*, 1749 ; 2 vol. in-8, v. mar., avec portr.

375. Polignac. Anti-Lucretius, sive de Deo et natura. *Parisiis*, 1747 ; 2 vol. in-8, portr. et fig. Eisen, v. porph.

376. Pradon. Œuvres. *Paris*, 1700 ; in-12, v. br

377. Prévost (l'abbé). Manon Lescaut. *Paris, Didot*, an v
(1797); 2 vol. in-12, fig., mar. r., fil., tr. dor. (*Bozérian*).

378. Proverbes et dictons populaires de la France. *Paris, Crapelet*, 1831 ; gr. in-8, cart.

379. Rabelais. Ses œuvres. *Amst.*, 1725 ; 5 vol. in-12, v. m.

380. Rabelais. Ses œuvres. *Paris, Bastien*, an vi; 3 vol. in-4,
v. fauv., tr. dor.
Exemplaire en grand papier ; 76 gravures.

381. Rabelais. Ses œuvres. *Paris, Desoer*, 1820; 3 vol. in-12,
v., fig.

382. Regnard. Ses œuvres. *Paris, Maradan*, 1790 ; 4 vol. in-
8, fig., v. ant., fil., tr. dor.
Figures de Borel, Bornet et autres. Exemplaire en papier vélin.

383. Régnier. Œuvres complètes. *Paris*, 1822; in-8, d.-rel.

384. Rameau d'or (le), souvenir de littérature. *Paris;* in-8,
d.-rel., orné de 15 vig. angl.

385. Renoult. Aventures de la Madona et de François d'Assise. *Amst.*, 1745; in-12, d.-rel., mar.
Exemplaire non rogné, provenant de la bibliothèque Renouard, d'un
livre satyrique peu commun.

386. Reybaud (Louis). Jérôme Paturot à la recherche d'une
position sociale. *Paris, Dubochet*, 1848; gr. in-8, d.-rel.
Illustré par Granville.

387. Roman (l'abbé). Les Échecs, poëme. *Paris*, 1807; in-12,
v., tr. dor.

388. Rousseau (J.-J.). Pensées. *Amst.*, 1764; in-12, v. m.

389. Rousseau (J.-B.). Œuvres poétiques. *Paris*, 1823; in-16
br., 2 vol.

390. Rousseau (J.-J.). Ses œuvres complètes. *Paris*, 1826;
in-8 br., 20 vol.

391. Saint-Lambert. Les Saisons. *Paris, Didot*, an iv (1796);
in-4, fig., d.-rel., n. rog.
Figures avant la lettre.

392. Sarrazin (Adrien). Œuvres (romans, contes, etc.). *Paris*, 1825 ; 6 vol. in-12, pap. vél., d.-rel, n. rog.

393. Sauval (Henri). Galanteries des rois de France. *Paris,*
1721 ; 2 vol. in-12, v. m., fil., dor., armoir.

394. Sévigné (Mme de). Lettres. *Paris, Blaise,* 1820 ; 10 vol.
in-8. — Mémoires de Mme de Coulanges. *Paris, Blaise,*
1820 ; in-8, v. m.

395. Staal (Mme de) (Mlle de Launay). Ses œuvres. *Paris,*
1821 ; 2 vol. in-8.

396. Tableaux du temple des Muses tirés du cabinet de feu
M. Favereau (par l'abbé de Marolles). *Paris,* 1655 ; in-fol.,
v. br. (anc. rel.).

397. Tassis et Zélie. *Paris,* 1774 ; 6 vol. in-8, fig., v. jaspé.
Figures de Cochin et Eisen.

398. Tastu (Mme Amable). Chroniques de France (scènes historiques en vers). *Paris,* 1829 ; in-8 br.

399. Télémaque travesti (en vers burlesques), en douze chants.
Paris, 1825 ; in-16, d.-rel.

400. Théâtre complet des Latins comprenant Plaute, Térence
et Sénèque le Tragique, publ. par Nisard. *Paris,* 1851 ; gr.
in-8 br.

401. Thomas. Ses œuvres complètes, précédées d'une Notice
sur la vie et les ouvrages de l'auteur, par Garat. *Paris,*
1823, 6 vol. in-8, broch.

402. Titon du Tillet. Parnasse français. *Paris,* 1732 ; in-fol.,
v. m., fil.
Bel exemplaire avec les portraits.

403. Vanderbourg. Poésies de Clotilde de Surville. *Paris,*
Nepveu, 1824 ; 2 vol. in-8, fig., d.-rel.

404. Voiture. Œuvres. *Paris,* 1660 ; in-12, front., portr.,
in-12, v. br.

405. Volney. Œuvres. *Bruxelles,* 1823 ; 11 vol. in 18, d.-rel.

406. Voltaire. Ses œuvres complètes. *Paris,* 1825 ; in 8 broch.,
77 vol.

407. Walckenaer. Histoire et des ouvrages de J. de La Fontaine. *Paris,* 1824 ; in-8, fig., d.-rel.

AUTEURS ÉTRANGERS.

409. **Arioste.** Roland Furieux, avec la vie de l'Arioste par Mazuy. *Paris*, 1839; in-8 broch., 3 vol. Nombr. figures.

410. **Aventures** et espiègleries de Lazarille de Tormes, écrites par lui-même. *Paris*, 1765; 2 tom. en 1 vol. in–12, mar. rouge, fil., tr. dor., (*Duru*.)
Bel exemplaire relié sur brochure; jolies figures.

411. **Comoëns.** Lusiade de Louis Comoëns, poëme héroïque en dix chants. *Paris*, 1776; 2 vol. in-8, v. marb., fil. et grav.

412. **Casti.** Les animaux parlants, trad. nouvelle par Alary. *Moulins*, 1847; 2 vol. gr. in-8.
Publication curieuse, illustrée de nombreuses figures dessinées par T. de Jolimont.

413. **Cervantes.** Don Quichotte, traduction nouvelle de Filleau de Saint-Martin. *Paris*, 1825; 6 vol. in-8, v. m., avec portr.

414. **Fielding.** Tom Jones, ou l'Enfant trouvé, trad. de l'angl. par de La Place. *Paris*, 1823; 4 vol. in-12, fig., v. f., tr. dor.

415. **Gœthe.** Ses Mémoires, trad, par Aubert de Vitry. *Paris*, 1823; 2 vol. in-8, d.-rel.

416. **Goldsmith.** Le Vicaire de Wakefield, traduit en français avec le texte anglais en regard, par C. Nodier. *Paris*, 1838, in-8 broch. Figures.

417. **Hoffmann** (E. T. A.). Contes fantastiques, traduction par Henri Egmont. *Paris*, 1840; in-8 broch., 4 vol. Vignettes.

418. **Milton.** Le Paradis perdu de Milton, traduction de Chateaubriand. *Paris*, 1855; gr. in-fol. orné de gravures.

419. **Nuits d'Young.** Méditations d'Hervey, trad. de Letourneur. *Paris*. 1824; 2 vol. in-8, fig., bas.

420. **Ossian,** fils de Fingal, poésies Galliques, traduct. sur l'anglais par Letourneur. *Paris, Dentu,* 1810; portr. et fig., de Tardieu, 2 vol. in-8, bas.

421. Pfeffel. Fables, trad. en vers français. *Strasbourg*, 1840;
gr. in-8, portr. et fig., d.-rel.

422. Torquato Tasso. Gerusalemme liberata. *Londra*, 1796;
2 vol. in-12, pap. vél., v., tr. dor.

423. Le Tasse. La Jérusalem délivrée, trad. par de la Mon-
noye. *Paris*, 1818; in-8, d.-rel.

423 *bis*. Walter Scott. Ses œuvres, trad. nouv. de Vivien.
Paris, 1838; 23 vol. in-8, d.-rel.
Belles épreuves sur papier de Chine.

HISTOIRE.

1. GÉOGRAPHIE, VOYAGES, ETC.

424. Atlas de toutes les parties connues du globe terrestre.
in-4 broch.

425. Cl. Ptolemœi. Geographia universalis vetus et nov. com-
plectens Cl. Ptolemœi. *Basileæ*, 1548; in-fol., cartes color.,
fig. sur bois.

426. Lapie. Atlas universel, gr. in-fol., d.-rel.

427. Mornas. Atlas de géograpgie et d'histoire, dédié à M. le
président Hénault. *Paris*, 1761; 3 vol. in-fol., v. m. (*Grand
nombre de très-belles vignettes.*)

428. Mentelle. Cours de cosmographie, de géographie, de
chronologie et d'histoire. *Paris*, 1804; 4 vol. in-8 et atlas,
v. (166 tabl.)

———————

429. Anson. (Georges). Voyage autour du monde. *Amst.* 1751;
— du même, Voyage à la mer du Sud, 1756; in-4, cartes,
v. f., fil., tr. dor.

430. Barthelemy (J.-J.) Voyage du jeune Anacharsis en Grèce.
Paris, 1824; in-8 broch., 7 vol.

431. Belloc. Journal d'une expédition du Niger, par Mme L.
S. W. Belloc. *Paris*, 1832; in-8 broch., 3 vol., map.

432. Chandler. Voyage dans l'Asie-Mineure et en Grèce, trad.
de l'angl. *Paris*, 1806; 3 vol. in-8, cart., v. m.

433. Cook. Vie et voyages du capitaine Cook, trad. de l'angl.
Paris, 1789; 16 vol, in-8, v. m.

434. Courtial. Tableau polit. du voyage de S. A. I. Paul Petrowitz. *Paris*, 1783.

435. Demidoff. Voyage dans la Russie méridionale et la Crimée, par Anat. Demidoff. *Paris, Bourdin*, 1840; gr. in-8, d.-rel., mar vert. Nombreuses figures et vignettes par Raffet.

436. Deux années à Constantinople et en Morée, par M. C... D. *Paris*, 1828; in-8 broch. Gravures coloriées, pap. vél.

437. Jacquemont (V.). Correspondance avec sa famille, pendant son voyage dans l'Inde. *Paris*, 1841; broch., 2 vol.

438. Laborde (comte de). Itinéraire descriptif de l'Espagne. *Paris*, 1834; 12 vol. in-8 broch.

439. La Pérouse. Voyage autour du monde, rédigé par Millet-Mureau. *Paris, Impr. de la Répub.*, an v (1797); 4 vol. in-4, portr., v. m.

440. Livingstone. Explorations dans l'intérieur de l'Afrique Australe, trad. de l'angl. *Paris*, 1859; gr. in-8 broch., fig.

441. Macartney. Voyage en Chine, trad. par Castera. *Paris*, 1804; 5 vol. in-8, et atlas in-4, v. m., fil.
Bel exemplaire.

442. Malte-Brun. Précis de la géographie universelle et description de toutes les parties du monde, revue et corrigée par Huot. *Paris*, 1832; 12 vol. in-8 broch.

443. Pallas. Voyages du professeur Pallas dans plusieurs provinces de l'empire russe et dans l'Asie septentrionale. *Paris*, an II; 8 vol. in-8, v. marb., fil., tr. dor.

444. Pausanias, ou Voyage historique, pittoresque et philosophique de la Grèce, traduit par Gedoyn. *Paris*, 1796; 4 vol. in-4 broch.

445. Ross (sir John). Relation du second voyage fait à la recherche d'un passage au Nord-Ouest. *Paris*, 1835; 2 vol. in-8, broch. Trad. de l'angl. par Defauconpret.

446. André Sparrmann. Voyage au cap de Bonne-Espérance et autour du monde, avec planches et figures. *Paris*, 1787; 3 vol. in-8, v. marb.

447. Suisse (la) pittoresque. *Londres,* 1836; 2 vol. in-4, d.-rel.
Nombreuses et belles figures anglaises.

448. Terre-Sainte (la), vues pittoresques. *Paris, Audot,* 1837;
gr. in-8, fig., d.-rel.

449. Voyage autour du monde sur la frégate *la Boudeuse,*
(par de Bougainville). *Paris,* 1771; in-4, cartes, v. jaspé.

450. Voyages d'Anténor en Grèce et en Asie, avec des notions sur l'Égypte, trad. par Lantier. *Paris, an* VIII; 5 vol.
pet. in-12, fig., d.-rel.

451. Washington Irwing. Histoire des voyages et découvertes
des compagnons de Christophe Colomb. *Paris,* 1833; 3 vol.
in-8, v. m.

452. Washington Irwing. Histoire de Christophe Colomb,
trad. par Defauconpret. *Paris, Gosselin,* 1828; 4 vol. in-8,
v. m.

2. HISTOIRE UNIVERSELLE, GRECQUE ET ROMAINE.

453. César. Commentaires, trad. par **M.** de Wailly. *Paris,*
Barbou, 1788; 2 vol. in-12, d.-rel, n. rog., texte en regard.

454. Collectanea antiquitatum romanarum, exhibuit Ant.
Borioni. *Romæ,* 1736; in-fol., parch.

455. Contant d'Orville. Histoire des différents peuples du
monde. *Paris,* 1771; 6 vol. in-8, v. m,

456. Costumes de Rome et de ses environs. In-8. mar. bleu,
fil. dor.
Charmante collection de dessins à l'aquarelle.

457. Quintus Curtius. *Amst., ex offic. Elzev.,* 1660; in-12,
fr. gr., v. viol., fil., tr. dor.

458. Annæus Florus. *Lugd. Batav.,* 1657; pet. in-12, fr. gr.,
vél.

459. Gail. République de Sparte et d'Athènes, trad. de Xé-
nophon. *Paris, s. d.*; in-12, pap. vél., v. m.

460. Gibbon. Décadence de l'empire romain, avec Notice par
Buchon. *Paris,* 1837; 2 vol. gr. in-8, d.-rel.

461. Histoire de la Grèce, trad. de plusieurs auteurs anglais par Leuliette. *Paris, 1807;* 2 vol. in-8, v. m.

462. Histoire d'Hérodote, trad. du grec par Larcher. *Paris, Debure, 1802;* 9 vol. in-8, v. m.

463. Histoire de Polybe, trad. du grec par D. Vinc. Thuillier, avec notes par **M.** de Folard. *Paris, 1727;* 6 vol. in-4, v. m. Figures.

464. Justini historiarum ex Trogo Pompeio. *Amsterlodami, Elzev., 1673;* in-12, v. m.

465. Mary Lafon. Rome ancienne et moderne. *Paris, Furne, 1854;* gr. in-8, fig. sur acier, d.-rel., mar. bleu.

466. Le Beau. Histoire du Bas-Empire. *Paris, Desaint, 1757-86;* 24 vol. in-12, v.

467. Richer. Théâtre du monde. *Paris, 1788;* fig. de Marillier, 4 vol. in-8, v. m., fil.

468. Sallustius, ed. Burnouf. *Parisiis, 1821;* in-8 br.

469. Caroli Sigonii Fasti consulares, etc. *Venetiis, Aldus, 1556;* in-fol., d. m.

470. Suétone. Vie des douze Césars, avec Notes par La Harpe. *Paris, 1805;* 2 vol. in-8, cart., n. rog.

471. Suetonius Tranquillus Philippi Beroaldi et Marci Antonii Sabellici commentariis. *Venetiis, 1496;* in-fol., parch.

472. Tacitus, cum not. variorum. *Elzev.,* 2 vol. in-8, front. grav., v. f., tr. dor. (*Bozérian.*)

473. Théâtre du monde, où par des exemples tirés des auteurs anciens et modernes les vertus et les vices sont mis en oppositions. *Paris, 1775;* 2 tom. en 1 vol. in-8, v. marb., fil. doré, avec figures.

474. Thucydide. Histoire du Péloponèse, trad. par Perrot d'Ablancourt. *Paris, 1662;* in-fol., bas.

475. Titus Livius, cum not. variorum. *Elzev., 1679;* 3 vol. in-8, portr., front. grav., v. f., tr. dor. (*Bozérian.*)

476. Tite Live. Hist. romaine, trad. de Dureau de la Malle. *Paris, 1810,* 17 vol. in-8, v. ant. (*Bel exempl.*)

477. Verlot. **Histoire des révolutions de la République ro-maine.** *Paris, L. Janet,* 1819; 5 vol. in-8, v.

478. Valerii Maximi dictorum factorum. *Amst.,* 1647; front, grav., in-12, vél.

479. Zaccone. Histoire des sociétés secrètes, politiques et re-ligieuses. *Paris,* 1847; 3 vol. gr. in-8, d.-rel., 32 figures.

3. HISTOIRE GÉNÉRALE ET PARTICULIÈRE DE FRANCE.

480. Almanachs royaux. Années 1746, 1753, 1755, 1758, 1761, 1770, 1775, 1788, 1792, 1814-1815; 10 vol. in-8, mar. et veau.

481. An (l') 2440, rêve s'il en fut jamais (par Mercier). *Lon-dres,* 1772; in-8, v.

482. Annales et croniques de France, depuis la destruction de Troye iusques au têps du roy **Louis** onzième, par feu maistre Nicole Gilles. *Paris,* 1553; in-fol., v. br.

483. Barante (de). Histoire des ducs de Bourgogne. *Paris, Ladvocat,* 1826; 12 vol. in-8, fig., d.-rel. Nombreuses fi-gures ajoutées à l'édition.

484. Bassompierre. Mémoires. *Cologne, P. du Marteau,* 1665; 3 vol. in-12, v. f., tr. dor.

485. Bussy-Rabutin. Ses Mémoires. *Paris,* 1704; 3 vol. in-12, v. br.

486. Cayx et Poirson. Précis de l'histoire de France, depuis les temps les plus anciens jusqu'à la révolution de 89. *Pa-ris,* 1835; in-8 broch.

487. Correspondance officielle entre le ministère prussien et le ministre d'Angleterre à Berlin, sur la convention signée à Saint-Pétersbourg, le 16 décembre 1800. *Berlin,* 1801.

488. Daniel (le P.). Histoire de France. *Paris,* 1722; 7 vol. in-4, mar. citr. (*Anc. rel. avec armes.*)

489. Dreux du Radier. Mémoires historiques et critiques des reines et régentes de France. *Paris,* 1808; 6 vol. in-8, d.-rel.

490. Estoile (de l'). Journal de Henri III. *La Haye*, 1744 ; 5 vol. — Journal de Henri IV. *La Haye*, 1741; 4 vol. in-12. Ens. 9 vol. pet. in-8, v. m.

491. Fauriel. Histoire de la Gaule méridionale. *Paris*, 1836; 4 vol. in-8 broch.

492. Foy (le général). Histoire de la guerre de la Péninsule. *Paris*, 1827; in-8 broch., 4 vol.

493. Gaillard. Histoire de Charlemagne. *Paris*, 1819; 2 vol. in-8, v. m.

494. Gaillard. Histoire de la rivalité de la France et de l'Angleterre. *Paris*, 1818; 6 vol. in-8, v. marb., fil.

495. Gaillard. Histoire de François Ier. *Paris*, 1819; 5 vol. in-8, v. m. Portr. gravé.

496. Georgel (l'abbé). Mémoires pour servir à l'histoire des événements de la fin du xviiie siècle. *Paris*, 1820; 6 vol. in-8 broch.

497. Grammont. Mémoires, par Ant. Hamilton. *Paris*, 1819; 2 vol. in-12, fig., mar. vert. (*Thouvenin.*)

498. Guizot. Histoire de la révolution d'Angleterre, depuis l'avénement de Charles Ier jusqu'à sa mort. *Paris*, 1841; in-8 broch., 2 vol.

499. Guizot. Histoire de la civilisation en France, depuis la chute de l'empire romain. *Paris*, 1843; in-8, 4 vol.

500. Guizot. Démocratie en France. *Paris*, 1849; in-8 broch.

501. Histoire des amours de Henri IV, avec lettres écrites à ses maistresses. *Leyde, Elzévir*, 1663; pet. in-12, mar. r.

502. Histoire de la croisade contre les hérétiques albigeois, écrite en vers provençaux par un poète contemporain, trad. par C. Fauriel. *Paris*, 1837; in-4, d.-r.

503. Histoire des amours de Henri IV Recueil de quelques belles actions de Henri IV. *Leyde, Elzévir*, 1669; pet. in-12, v. jasp., fil., tr. dor.

504. Journal des États généraux de France tenus à Tours en 1484, sous le règne de Charles VIII, rédigé par J. Masselin, publ. par A. Bernier. *Paris*, 1835; in-4, d.-rel. mar.

505. **Lacretelle.** Histoire de France pendant le xviiie siècle. *Paris*, 1819; 16 vol. in-8, veau, fil.

506. **Lamartine.** Histoire des Girondins. *Paris, Furne*, 1847; 8 v. in-8, d.-rel.

507. **Lamartine.** Le passé, le présent et l'avenir de la République. *Paris*, 1850; gr. in-8, br.

508. **Lavallée (Théoph.).** Histoire des Français depuis le temps des Gaulois jusqu'en 1830. *Paris*, 1838; in-8, br., 4 vol.

509. **Lebas.** La France. *Paris*, 1841; 11 vol. de *l'Univers pittoresque*, br.

510. **Lemontey (P.-E.).** Histoire de la Régence et de la minorité de Louis XV. *Paris*, 1832; in-8, br., 2 vol.

511. **Manuel républicain.** *Paris*, an vii; in-12, v. br.

512. **Martin (Henri).** Histoire de France. *Paris,* 1845; in-8, br., 15 vol.

513. **Médailles** du règne de Louis XV, par Godonnesche. In-fol., v. m., 53 pl.

514. **Mémoires de Brantôme.** Vies des dames illustres. *Leyde*, 1665; in-12, v. m., fil. dor.

515. **Mémoires de mademoiselle de Montpensier.** *Amsterd.*, 1746; 8 vol. in-12, v. m.

516. **Mémoires** de la reine Marguerite. *Goude*, 1649; petit in-12, v. m.

Dans le même volume, *le Courrier burlesque de la guerre de Paris, 1650.*

517. **Mémoires** de la marquise de Pompadour. *Liége*, 1766; 2 tom. en 1 vol. in-12, veau jaspé, fil.

518. **Mémoires** du duc de Saint-Simon, précédés d'une notice, par Emile de La Bédollière. *Paris, Gust. Barba*, 1856; 20 vol. in-8, d.-rel., dos de mar. rouge, dorés en tête, n. rog.

519. **Mémoires** du maréchal Marmont, duc de Raguse, 1792-1841, imprimés sur le manuscrit original de l'auteur. *Paris, Perrotin*, 1857; 9 vol. in-8, d.-rel., v. f.

520. Mémoires d'une contemporaine, ou Souvenirs d'une femme sur les principaux personnages de la République, du Consulat, de l'Empire. *Paris*, 1828; br., 8 vol.

521. Mémoires du cardinal Dubois. *Paris*, 1829; 4 vol. in-8, broch.

522. Mémoires pour servir à l'histoire de Louis, dauphin de France. *Paris*, 1777; 2 tom. en 1 vol. in-12, v. m.

523. Mémoires de Bourienne, sur Napoléon, le Consulat, l'Empire et la Restauration. *Paris*, 1829; 10 vol. in-8, br.

524. Mémoires de Robespierre (M.). *Paris*, 1830; in-8, br. 2 vol.

525. Michaud. Histoire des Croisades. *Paris*, 1813; 7 vol. in-8, d.-rel., cartes.

526. Michelet. Histoire de France. *Paris*, 1835; in-8, br., 6 vol.

527. Michelet. Origines du droit français. *Paris*, 1837; in-8, br.

528. Mignet. Histoire de la Révolution française. *Paris, Didot*, 1833; 2 vol. in-8, d.-rel.

529. Harduin de Péréfixe. Histoire de Henri-le-Grand. *Paris, Renouard*, 1816; in-8, port., v. f., fil., tr. dor.

530. Observations sur l'Histoire de France, par l'abbé Mably. *Kehl*, 1788; 6 vol. in-12, veau.

531. Olive (Mme) Rosalie. Les Français à Messine sous Louis XIV. *Paris*, 1842; in-8, br.

532. Plutarque français, par Edouard Mennechet, *Paris, Crapelet*, 1835; 8 vol. in-8, d.-rel., mar. bleu.
Nombreuses figures sur acier, d'après Ingres, Jacquand et autres.

533. Procès-verbaux de l'Assemblée des Notables, tenue à Versailles en l'an 1787; *Paris*, 1788; 2 vol. in-4, d.-rel.

534. Richelieu (le cardinal duc de). Lettres. *Paris*, 1696; 2 tom. en 1 vol. in-12, portr., v. m.

535. Richelieu (cardinal). Son testament politique. *Haye*, 1740; 2 vol. in-12, v. br. avec grav.

536. Vély (l'abbé). Histoire de France. *Paris*, 1770; 16 vol. in-4, portr. et fig., veau m.
Très-bel exemplaire avec une nombreuse suite de portraits.

537. Viennet. Histoire des guerres de la Révolution. *Paris*, 1831; in-8, br., portr.

538. Saint-Arnaud. Ses lettres. *Paris*, 1855; 2 vol. in-8, portr., br.

539. Satyre Ménippée. *Ratisbonne*, 1752; 3 vol. in-8, fig., v. m.

540. Satyre Ménippée, publiée par Ch. Nodier. *Paris, Delangle*, 1824; 2 vol. in-8, fig., d.-rel.

541. Simonde Sismondi. Histoire des Français. *Paris*, 1844; 31 vol. in-8, br.

542. Sue (Eug.). Histoire de la marine française. *Paris*, 1845; 4 vol. in -8, br., grav.

543. Thierry (Aug.). Récits des temps mérovingiens, précédés de considérations sur l'histoire de France. *Paris*, 1846; in-8, br., 2 vol.

544. Thierry (Amédée). Histoire de la Gaule sous l'administration romaine. *Paris*, 1840; in-8, br., 2 vol.

545. Thierry (Aug.). Histoire de la conquête de l'Angleterre par les Normands. *Paris*, 1838; 4 vol. in-8 et atlas, d.-rel., nombreuses et belles figures.

546. Thiers. Histoire du Consulat et de l'Empire, faisant suite à l'Histoire de la Révolution française. *Paris*, 1845; in-8, br., 11 vol.

4. HISTOIRE DES PROVINCES DE FRANCE.

547. Almanach parisien. *Paris*, 1788; in-16, v. m., avec gravures.

548. Almanach de Versailles. 1786, in-12, mar. rouge.
Sur les plats, on remarque la trace des armoiries de la reine Marie-Antoinette.

549. Auvergne et Provence. *Paris, Janet*, 1851; petit in-8, d.-rel., 25 grav.

550. Castellan. Fontainebleau. Etudes pittoresques et historiques sur ce château. *Paris*, 1840; in-8, br., 85 pl. grav. à l'eau forte.

551. Daru. Histoire de Bretagne. *Paris, Didot*, 1826; 3 vol. in-8, d.-rel.

552. Deville. Histoire du Château-Gaillard et du siége qu'il soutint contre Philippe-Auguste. *Rouen*, 1829; in-fol., cart., avec grav.

553. Dumesnil (Marie). Chroniques neustriennes, ou précis de l'Histoire de Normandie. *Paris*, 1825; in-8, br., portr.

554. Églises de Paris. *Paris, Martinet*, 1843; in-8, 20 fig. sur acier, d.-rel.

555. Felibien. Histoire de l'abbaye royale de Saint-Denis. *Paris*, 1706; in-fol., v. m.

556. Histoire du canal du Languedoc. *Paris*, 1805; in-8, portr., d.-rel.

557. Janin (Jules). La Normandie. *Paris*, 1844; gr. in-8, fig., d.-rel., nombreuses vignettes et figures.

558. Lavallée (Th.). Histoire de Paris. *Paris, Hetzel*, 1852; gr. in-8, vign., d.-rel., mar. vert.

559. Mahé (J.) Essai sur les antiquités du département du Morbihan. *Vannes*, 1825; in-8, br.

560. Mercier. Nouveau Paris. *Brunswick*, 1800; 6 tom. en 3 vol. in 12, d.-rel.

561. Mercier. Tableau de Paris. *Amst.*, 1783; 10 vol. in-12, d.-rel.

562. Nisard. Histoire et description de Nîmes. *Paris*, 1835; in-4, br., ornée de grav.

563. Pitre-Chevalier. La Bretagne ancienne et moderne. *Paris, Coquebert*, gr. in-8, fig., blas. et cart., d.-rel.

564. Rougebief. Histoire de la Franche-Comté ancienne et moderne. *Paris*, 1851; gr. in-8, br., grav.

565. Winchon (le baron de). Histoire de l'Algérie et des autres États barbaresques. *Paris*, 1839; in-8, br., grav.

566. Victor Hugo. Notre-Dame de Paris, 1re édit. *Paris,* 1836; in-8, fig. de Johannot, d.-rel.

567. Touchard-Lafosse. La Loire pittoresque et biographique. *Tours,* 1851; 5 vol. in-8, br., fig.

5. HISTOIRE DE DIVERS PAYS ÉTRANGERS.

568. Alboise et A. Maquet. Les Prisons de l'Europe. *Paris,* 1845; gr. in-8, br., 8 vol.

569. Allemagne et Pays-Bas, Landscape français. *Paris, Janet;* pet. in-8, d.-rel., 13 fig. sur acier.

570. Artaud (Ch.). L'Italie. *Paris,* 1842; in-8, rel. v., filet, avec gravures. (*Univers pittoresque.*)

571. Boldenyi. La Hongrie ancienne et moderne, par une société de littérateurs. *Paris,* gr. in-8 broch., orné de gravures.

572. Boisgelin. Malte ancienne et moderne, publiée par le marquis de Fortia. *Paris,* 1809; 3 vol. in-8, cart., n. rog., grande carte.

573. Clot-Bey. L'Egypte. *Paris,* 1842; 2 vol. in-8, br., fig.

574. Espion (l') anglais. *Londres,* 1782; 10 vol. in-12, v. m.

575. Galibert (Léon). Constantinople ancien et moderne. *Paris,* 3 vol. in-4, fig. carton., tr. dor.

576. Hoefer (Dr Ferd.). Histoire de la Chimie depuis les temps les plus reculés jusqu'à notre époque. *Paris,* 1842; broch., 2 vol.

577. Histoire des peuples et des révolutions de l'Europe depuis 1789. *Paris,* 1846; 8 vol. gr. in-8, d.-rel , portr., 40 gravures.

578. Histoire d'Italie, par Henri Léo et Botta, trad. de l'allemand par Dochez. *Paris,* 1844; 3 vol. gr. in-8, reliés.

579. Iwan Nestesuranvi. Histoire des czars. *La Haye,* 1725; 4 vol. in-12, front. gr., veau.

580. Italie (l'), d'après Chateaubriand, Raoul Rochette, Piranezi, Mazzara, etc. *Paris, Audot*, 1836; 3 vol. in-8, papier vél., d.-rel.

Bien imprimée et nombreuses figures.

581. Le Bas. Allemagne. *Paris*, 1838; 2 vol. in-8, d.-rel., v. (*Univers pittoresque.*)

582. La cour de Rome et celle de Saint-Pétersbourg (?).

583. Ledru-Rollin. De la décadence de l'Angleterre. *Paris*, 1850; in-8, broch., 2 vol.

584. Lequien de la Neufville. Histoire générale du Portugal. *Paris*, 1700; 2 vol. in-4, v. brun.

585. Lettres sur le Bosphore. *Paris*, 1821; in-8, broch.

586. Lingard (John). Histoire d'Angleterre depuis la première invasion des Romains jusqu'à nos jours. *Paris*, 1842; 5 vol. gr. in-8, broch.

587. Maistre (Jos. de). Soirées de Saint-Pétersbourg. *Paris*, 1822; 2 vol. in-8, d.-rel.

588. Millot (l'abbé). Éléments de l'histoire d'Allemagne. *Paris*, 1807; 3 vol. in-8, broch.

589. Pollnitz (baron de). Mémoires. *Francfort*, 1738; 2 vol. in-12, front. gr., v. br.

590. Robertson. Histoire d'Amérique, trad. de l'anglais. *Paris*, 1835; 4 vol. in-8, v. m.

591. Turquie (la), par Jouannin et par Van Gaver. *Paris*, 1840; in-8, d.-rel., orné de planches et gravures.

6. ARCHÉOLOGIE, BIOGRAPHIES, MÉLANGES HISTORIQUES ET ENCYCLOPÉDIQUES, ETC.

592. Archives de l'électricité, supplément de la bibliothèque universelle de Genève. *Paris*, 1841; in-8, br., 3 vol.

593. Bayle. Dictionnaire historique et critique. *Amst.*, 1740; 4 vol. in-fol., v. m.

595. Biographie des hommes vivants qui se sont fait remarquer par leurs actions ou leurs écrits, par une société de gens de lettres. *Paris*, 1816 ; in-8, broch., 5 vol.

596. Champollion-Figeac. Résumé complet d'archéologie, orné de planches. *Paris*, 1825 ; pet. in-12, d.-rel., 2 tom. en 1 vol.

597. Dictionnaire de marine. *Paris, Panckoucke*, 1783; 3 vol. in-4 et atlas de planches.

598. Desessarts. Nouveau dictionnaire bibliographique portatif. *Paris*, 1804 ; in-8, broch.

599. Encyclopédie moderne ou Dictionnaire abrégé des sciences, des lettres, des arts, de l'industrie, de l'agriculture et du commerce. *Paris*, 1852; in-8, broch., 30 vol. et 3 vol. de planches figures.

600. Galerie des femmes de Shakspeare. *Paris, Delloye*, gr. in-8, 45 grav. angl. sur acier, d.-rel.

601. Histoire de Cicéron, tirée de ses écrits (par Morabin). *Paris, Didot*, 1743 ; 4 vol. in-12, front. gr., veau fauve.

602. Histoire de l'Académie royale des inscriptions et belles-lettres. *Paris, Imp. roy.*, 1736; 30 vol. in-4, v. m.

603. Lamartine. Les hommes illustres. (Histoires de Fénelon, Socrate, Nelson, Rustem, Jacquard, Cromwell.) *Paris*, 2 vol. gr. in-8, broch., avec portraits.

604. Menestrier. Méthode du Blason. *Lyon*, 1701 ; in-12, fig., d.-rel.

605. Monuments antiq. du culte secret des dames romaines, d'après une suite de pierres gravées sous leur règne, pour servir de suite à la Vie des douze Césars. *Rome*, 1790; in-4, br., fig. (*Avarié.*)

606. Mémoires de la Société des sciences morales, des lettres et des arts de Seine-et-Oise. *Versailles*. 1847 ; in-8, broch., 4 vol.

607. Pellisson. Histoire de l'Académie française. *Paris*, 1653; in-18, v. m. (*Première édition.*)

608. Revue scientifique et industrielle des faits les plus utiles et les plus curieux, par le docteur Quesneville. *Paris,* 1840 et 1841 ; in-8, broch. et en livraisons.

609. Revue des Deux-Mondes, 1856 et 1857 ; 3 vol. gr. in-8, d.-rel , mar.

610. Vertot. Histoire de l'ordre des chevaliers de Malte. *Paris (Pierre Didot)*, 1819 ; 7 vol. in-8, v.

611. Villeneuve-Bargemont. Mémoires des grands maîtres de Saint-Jean de Jérusalem. *Paris, Blaise,* 1829 ; 2 vol. gr. in-8, fig., cart., non rog.

612. Vie du roi Almansor, écrite par le vertueux capitaine Aly Abencufian. *Amsterdam,* 1671 ; pet. in-12, mar. bleu, fil., doré. (*Elzevir.*)

613. Vie de Mlle de Melun (par J. Grandet). *Paris,* 1687 ; in-8, v. br.

614. Histoire d'Angleterre, de Rapin Thoyras. *La Haye, Rozissard,* 1727 ; 13 vol. in-4, v. mar.

615. Lettres morales et critiques sur les différents états et les diverses occupations des hommes, par M. le marquis d'Argens. *Amsterdam, Chereau et Dutellard,* 1748, 1 vol. in-12, v. mar.

616. La France et l'Angleterre ou Statistique morale et physique de la France comparée à celle de l'Angleterre sur tous les points analogues, par le chevalier de Tapies. *Paris, Guillaumin,* 1845 ; 1 vol. gr. in-8, dem.-rel.

617. Voyage sentimental en France, de Sterne, traduit de l'anglais, par M. Frenais, auteur des Lettres d'Yorick à Élisa ou d'Élisa à Yorick. *Paris, libr. associés,* 1797 ; 2 vol. in-8, dem.-rel., fig.

618. OEuvres complètes de M. le cardinal de Bernis, de l'Académie française. *Genève,* 1793 ; 2 vol. in-18, dem.-rel.

619. Nouveau Manuel du Voyage en Suisse, par Glautz Blotzheim. *Paris,* 1824 ; 1 vol. grand in-12, v. ant., carte.

620. Bibliothèque théâtrale. *Paris,* 1786; 34 vol. in-18, orné
de portraits, dem.-rel., v. fauve.

621. Œuvres de d'Arnaux, avec figures d'Eisen ou de Ler-
sollier. *Paris, Laporte,* 1795; 12 vol. gr. in-8, v. marbré.

622. Rousseau. Collection complète des œuvres de J.-J. Rousseau, citoyen de Genève. *Genève,* 1782; 33 vol. in-12,
portr. et fig., v. marbré.

RENOU et MAULDE, Imprimeurs de la Compagnie des Commissaires-priseurs,
Rue de Rivoli, 144.   11745